AF460629

1864 Avril 27

CATALOGUE

DE LA

BIBLIOTHÈQUE

DE FEU

M. LÉON DE KLENZE

architecte, membre de presque toutes les académies de l'Europe

ET

de treize grandes miniatures

peintes par VOLPATO d'après RAPHAEL

dont la vete se fera

à Paris, les lundi 25 Avril et mardi 26 Avril 1864

à 7 heures de relevée

rue des Bons Enfants No 28, Salle Silvestre

par

le ministère de Me **Boulouze,** commissaire priseur

rue Ollivier No 14.

La vente des *Miniatures* aura lieu mercredi, 27 Avril à 3 heures précises *à l'hôtel des commissaires priseurs, rue Drouot.*

Première partie.

Paris, 1864

Librairie Tross

5, rue Neuve des Petits Champs et 8, Passage des deux Pavillons.

ORDRE DES VACATIONS.

Lundi 25 Avril 1—109.
Mardi 26 Avril 110—240.

Mercredi, 27 Avril, à 3 heures précises **à l'hôtel des commissaires priseurs, 5 rue Drouot**, les miniatures d'après Raphael.

CONDITIONS DE LA VENTE.

Les Adjudicataires payeront, en sus du prix des adjudications, cinq centimes par franc applicables aux frais.

Les Livres vendus devront être collationnés sur place dans les vingt-quatre heures. Passé ce délai, ou une fois sortis de la salle de vente, ils ne seront repris pour aucune cause.

Les articles au-dessous de 12 fr. ne seront admis à rapport que dans le cas où ils seraient incomplets par l'enlèvement de feuillet ou portion de feuillet emportant du texte. Ils ne seront pas repris pour taches, mouillures, déchirures, piqûres et autres défectuosités.

Les Livres seront exposés les jours de la vente, de deux heures à quatre heures.

Les miniatures d'après Raphael seront exposées (exposition particulière) à l'hôtel des commissaires priseurs rue Drouot, Mardi le 26 Avril.

LÉON DE KLENZE.

L'Allemagne vient de perdre son plus grand architecte. Léon de Klenze est mort à Munich, le 26 janvier, à l'âge de quatre-vingts ans. Il était né en 1784, à Hildesheim. Dès son enfance, il montra un grand amour de l'art; mais, comme presque tous les génies, il eût assez de peine à suivre sa vocation. Ses parents voulaient qu'il fût ingénieur et l'envoyèrent étudier à Berlin. Là, néanmoins, il se livra à ses travaux de prédilection, après avoir passé ses examens, vint à Paris et entra à l'Ecole polytechnique. Il se rendit ensuite en Italie, y étudia tout spécialement les ruines de Paestum, de Pompeï et d'Herculanum, et cette étude décida peut-être de sa carrière. Il allait à Vienne, avec l'intention de s'y fixer, lorsqu'arrivé à Mantoue, il fut mandé à Cassel, et y resta quelque temps en qualité d'architecte du roi Jérôme. Après sa chûte, le roi de Westphalie invita Klenze à lui bâtir, au bord de l'Adriatique, une ville sur le modèle de l'ancienne Aquilée ; mais, occupé alors à composer un projet de monument en l'honneur de la paix, (projet qui fut soumis au congrès de Vienne,) l'architecte n'accepta pas cette commande. Ce fut peu de temps après que Klenze fit, à Paris, la connaissance du prince héréditaire Louis de Bavière, et, sur la recommandation de ce dernier, il fut nommé président de la commission des travaux publics par Maximilien-Joseph, roi de Bavière. Ceci se passait en 1816, et en 1825 seulement, lors de l'avènement de Louis, commença pour Klenze la période de grande activité. Encore prince héréditaire, son protecteur mit au concours la Glyptothèque (Musée de sculpture), et le Wälhalle (sorte de Panthéon élevé aux gloires de l'Allemagne) et les dessins de Klenze remportèrent les deux prix. Les monuments qu'il construisit pour le roi Louis, de 1825 à 1863, forment une longue liste. Le palais de Leuchtenberg, les arcades du Hof-Garten, l'Ecole d'équitation, la façade de l'Hôtel des Postes, l'Odéon, la Pinacothèque (Musée de Peinture), le palais du duc Max, les deux parties nouvelles du palais du Roi, la Galerie de Renommée de Bavière, le Propilée, et la Befreiungs-Halle, qui vient d'être terminée, à Kelheim (en souvenir du cinquantième anniversaire de la bataille de Leipzig), sont ses principaux ouvrages. Outre ses travaux à Munich, il faut rappeler ceux qu'il exécuta à Saint-Pétersbourg. L'empereur Nicolas lui demanda les plans de la cathédrale de Saint-Isaac, et d'un Musée destiné à renfermer les trésors d'art des Czars. Klenze alla sept fois en Russie. Enfin, il fut consulté par Napoléon III au sujet de l'achèvement du Louvre et aussi par le Parlement anglais, en 1855, sur la construction d'une nouvelle Galerie nationale à Londres.

Tels sont les traits principaux de sa longue et laborieuse carrière. Les mérites de Klenze sont diversement jugés. On a remarqué avec raison, et non sans regret, que les constructions de cet architecte, du moins toutes celles de Munich, reproduisent exactement les édifices de l'antiquité, et offrent non-seulement des imitations, mais des copies. Quoiqu'il en soit, Klenze a montré un goût parfait dans le choix de ses modèles, une entente exquise des details, et d'ailleurs, des conceptions originales ne lui eussent pas permis de donner à la ville de Munich, en si peu de temps, une telle quantité de monuments.

Léon de Klenze appartenait à presque toutes les académies de l'Europe.

ERNEST FILLONNEAU.

CATALOGUE DE LA BIBLIOTHÈQUE

DE FEU

M. LÉON DE KLENZE.

Première partie.

1 Biblia sacra latine. Lugduni, apud Joanneum Tornaesium, 1558. in-8. à 2 col. fig. en bois, peau de tr. ferm.

Avec 200 gravures du petit Bernard. Belles épreuves.

2 Réprésentations tirées du Vieux et du Nouveau Testament, inventées par Catherine Sperling, celèbre peintre en miniature. Augsburg, S. D. 3 vol. pet. in-4 obl. 283 et 90 planches. vél.

Suite très bien gravé et bel exemplaire. Le Nouveau Testament est rare.

3 Evangelia slavice, quibus olim in regum Francorum oleo sacro inungendorum solemnibus uti solebat ecclesia Remensis; vulgo texte du sacre, ad exemplaris similitudinem descripsit et edidit J. B. Silvestre. Evangelia latine vertit, B. Kopitar. Lutetiae Parisiorum 1843. gr. in-4, mar. rouge à comp. tr. dor. (Aux armes de Bavière, cadeau du roi Ludwig à M. de Klenze.)

Très bel exempl. initiales en or et couleurs.

4 Jo. G. Baur iconographia, complectens passionem, miracule, vitam Jesu-Christi, nec non prospectus rarissimorum portuum, palatiorum, hortuum, historiarumque per Italiam per actis., a Melch. Kysell propr. aeri incisae. Aug. Vindel. 1682. in-fol. fig. vél.

Exempl. complet. Belles épreuves.

5 Holbein. Icones historiarum veteris testamenti, extrema diligentia emendatiores factae, gallicis in expositione homoeoteleutis ac versuum ordinibus suo numero restitutis. Lugduni, Frellon, 1547. pet. in-4, vél.

6 Horae in laudem beatiss. Virginis secundum consuetudinem Romane Curie. Septem psalmi poenitentiales cum litaniis et orationibus. (Graece.) Lutetiae, in edibus Aegidii Gormontii, 1528. in-32, imprimé en rouge et noir. parch.

Reimpression de l'édition Aldine de 1497, elle est tellement rare qu'elle n'est pas citée par les bibliographes. Le volume se compose de 107 feuillets chiffrés et d'un feuillet blanc. La dernière page contient la marque de l'imprimeur. L'exemplaire est bien conservé et grand de marges.

7 Horarium, latine. in-16. maroq. rouge, fil. tr. dor. (anc. rel.)

Joli manuscrit de la seconde moitié du XVme siècle, d'origine flamande, écrit sur VÉLIN très fin et très blanc. Il est orné de 25 jolies miniatures, de 33 bordures et de nombreuses initiales en or et en couleurs. Les bordures sont peintes sur fond d'or, rose ou bleu et se composent de fleurs, fruits, oiseaux et rinceaux.

8 Horae intemerate Virginis Marie secundum usum romanum, cum plurimis orationibus tam in gallico quam in latino sermone. Paris, Thielman Kerner, 1503. gr. in-8. fig. en bois, vél.

Exemplaire imprimé sur VÉLIN. Edition entourée de bordures, ex. grand de marges et bien conservé.

9 Les bordures dessinées par Albert Dürer sur les marges du livre de prières de l'empereur Maximilien, gravées par Strixner. München, 1808. gr. in-fol. cart. non rogn.

Première édition. Exemplaire en très grand papier vélin. Epreuves d'artiste avant le texte.

10 Annus Marianus Benedictinus, sive Sancti illustres ordinis D. Benedicti, in singulos anni dies cum suis iconibus et vitae elogiis distributi, ab alma congregratione academica. Salisburgi, 1668. pet. in-8. vél.

Avec 365 figures, gravées en médaillon et entourées de bordures.

11 Otium spirituale mellifluarum precationum, opus elegantissimis imaginibus exornatum. Monaci, 1617, in-12. fig. de Sadeler. vél.

12 Les exercices spirituels de S. Ignace de Loyola, fondateur de la société de Jesus. Anvers, 1673. pet. in-8, 55 planches. Cart.

13 A short instruction into christian religion, being a catechism set forth by archbishop Cranmer in 1548. — Together with the same in latin by Justus Jonas, 1539. (Edited by Ed. Burton). Oxford, University Press, 1830. in-8, fig. sur bois, cart. non rogn.

Avec envoi autogr. de l'éditeur.

14 Le vite de piu excellente pittori, scultori et architetti, di Giorgio Vasari. Firenze, Torrentino, 1550. 3 tom. 2 vol. gr. in-8. vél.

Première édition, très rare.

15 Vite de più excellenti pittore ed architetti di Giorgio Vasari, seguite dalle sue opere minori con alcune scelte annotazioni e col dono di 200 ritratte all' incirca. Venezia, 1828—30. 19 vol. in-12. portr. br.

16 Image de divers hommes d'esprit sublime, qui par leur art et science debveront vivre éternellement. Anvers, mis en lumière par Jean Meissens, peinctre, 1649. pet. in-fol. 121 portr. d. rel.

17 Academie des sciences et des arts, contenant les vies et les éloges historiques des hommes illustres qui ont excellé en ces professions depuis environ 400 siécles. Avec leurs portraitz tirés sur les originaux, par Isaac Bullart. Bruxelles, Foppens, 1695. 2 vol. in-fol., veau.

Contient beaucoup de portraits d'architectes, de peintres, etc.

18 Les hommes illustres qui ont paru en France pendant ce siècle, avec leurs portraits au naturel. Par Charles Perrault. Paris, 1696—1700. 2 vol. en un, in-fol. Vélin blanc (Première reliure).

Très bel et très precieux exemplaire du premier tirage, qui contient en conséquence les portraits d'Arnauld et de Pascal reliés dans le volume. Les portraits de Thomassin et de Ducange, avec leur biographies, qui n'avaient pas paru à l'époque de la publication du premier tirage ont été plus tard ajoutés à la fin.

19 Vita del caval. G. L. Bernino, scultore, architetto e pittore, da F. Baldinucci. Firenze, 1682. in-4. fig. d. rel.

20 Handbuch der Kunstgeschichte (Histoire des arts) von Franz Kugler. 3me édition. Stuttgart, 1856—1859. 2 tom. 3 vol. gr. in-8. fig. en bois, demi rel. dos de toile, non rogn.

Ouvrage important d'un belle execution.

21 Tables historiques et chronologiques des plus fameux peintres, par Harms. Brunswic, 1742. in-folio, cart.

22 Oeuvres posthumes de Girodot Trioson peintre d'histoire, suivies de sa correspondance, précédées d'une notice historique et mises en ordre par P. A. Coupin. Paris, Renouard, 1829. 2 vol. gr. in-8. fig. br.

Exemplaire en grand papier vélin.

23 Carteggio inedito d'artisti del secolo XIV. XV. XVI. pubblicato ed illustrato con documenti pure inedite dal Dott. Giov. Gaye. Con facsimile. Firenze, Molini, 1839—40. 3 vol. gr. in-8, cart.

24 Précis historique et raisonné sur l'origine, les progrès, la décadence et la renaissance de l'architecture, par Léon Vendramini. St. Petersbourg, 1837. gr. in-4. br.

Exemplaire en grand papier vélin, avec envoi autographe.

25 Memorie degli architetti antichi e moderni, da Francesco Milizia. Parma, della stamperia reale, 1781. 2 vol. in-8, cart.

Exempl. en papier fort.

26 Considerazioni (historiche) architettoniche di Niccola d'Apuzzo. Napoli, 1824—1831. 2 vol. en un, gr. in-8. fig. demi-rel.

27 Histoire de l'architecture en Belgique, par A. G. B. Schayes. Bruxelles, Jarnar, 1850. 2 vol. in-12. fig. en bois, br.

28 Geschichte der Baukunst und Bildhauerei in Venedig (Histoire de l'architecture et de la sculpture à Venise) von Oscar Mothes. Leipzig, 1859—60. 2 vol. in-8. fig. en bois. d.-rel. dos de toile, non rogn.

29 Essai sur la calligraphie des manuscrits du moyen âge et sur les ornements des premiers livres d'heures imprimés, par E. H. Langlois. Rouen, 1841. in-8, fig. et fig. ajoutées. d.-rel.

Ex. Sauvageot.

30 Idée générale d'une collection complète d'estampes. Avec une dissertation sur l'origine de la gravure et sur les premiers livres à images. Vienne et Leipzig, 1771. in-8. fig. demi-rel. non rogn.

Rare en pareil état.

31 Traité historique et pratique de la gravure en bois, par J. M. Papillon. Paris, 1766. 2 vol. in-8, fig. veau.

32 Essai sur l'origine de la gravure en bois et en taille douce, et sur la connaissance des estampes des XVme et XVIme siècles; Ou il est parlé aussi de l'origine des cartes à jouer et des cartes géographiques. (Par Janssen.) Paris, Schoell, 1808. 2 vol. in-8, 20 planches, d.-rel. cuir de Russie.

33 Memorie spettanti alla storia della calcographia, del conte L. Cicognara. Prato, 1831. in-8 et atlas in-Folio, br.

34 Versuch den Ursprung der Spielkarten, die Einführung des Leinenpapiers und den Anfang der Holzschneidekunst in Europa zu erforschen, von J. G. J. Breitkopf. Leipzig, 1784—1781, 2 vol. in-4, cart.

Ex. avec des augmentations mss. de M. M. de Murr et Börner.

35 Histoire de l'invention de l'imprimerie par les monuments. Paris, de l'imprimerie de la rue de Verneuil, 1840, gr. in-4, fig. en bois et fac-simil., br.

On remarque dans cette publication importante, et tirée à un nombre restreint d'exemplaires, des fac-simile du Donat, de la Bible de 36 lignes, des lettres d'indulgence de 1454, etc., imprimés en caractères mobiles. Quant aux illustrations modernes, nous citons les grandes planches de J. J. Granville, A. Schroedter de Dusseldorf, G. Seguin, Etex, et autres; toutes sont des chefs-d'oeuvre.

36 L'origine et l'imprimerie de Paris. Dissertation historique et critique par André Chevillier. Paris, de Laulne, 1694. in-4. v.

37 Catalogue raisonné des tablaux du Roy, avec un abrégé de la vie des peintres. Paris, Imprimerie Royale, 1752—54. 2 vol. in-4, v. (aux armes de France).

38 Catalogo ragionato dei libri d'arte e d'antichità posseduti dal conte Cicognara. Pisa, 1821. 2 vol. in 8, cart. Rare.

39 Catalogue raisonné du cabinet de Monsieur Winkler, contenant une collection de pièces anciennes de toutes les écoles, dans une suite d'artistes jusq'à nos jours; par Michel Huber. Leipzig, 1802 à 1810. 8 tom. 4 vol. in-8. d. rel. dos de toile.

Catalogue bien redigé comprenant plus de 5000 pages.

40 Museo o Galeria del Sig. Manfredo Settale, nobile Milanese, descr. da P. Maria Terzago. Tortona, 1677. in-4, grande planche à l'eau forte représ. la galerie, bas.

41 A Catalogue of the classic contents of Strawberry Hill, collected by Horace Walpole. London, 1842. in-4. fig. en bois, cart.

42 Beiträge zur Geschichte der Literatur, herausg. von M. von Aretin. (Extraits des manuscrits précieux de la Bibliothèque publique de Munich.) München, 1803—1824. 11 vol. in-8. d. rel. dos de toile, non rogn.

Collection complète. Elle est importante pour l'histoire littéraire du moyen-âge. Le dernier volume se trouve difficilement.

43 Oeuvres de Nicolas Boileau Despréaux, avec des éclaircissemens historiques données par lui même. Nouvelle édition, enrichie de figures gravées par Bernard Picart le Romain. La Haye, 1722. 4 vol. pet. in-8. fig. et vign. d. rel. dos de toile, non rogn.

Rare en pareil état, 199 frcs. chez Giraud.

44 Fables choisies, mises en vers par M. de Lafontaine. Paris, D. Thierry, 1669. Fables choisies. Seconde partie. Paris, Claude Barbin, 1668. 2 vol. en un, in-12. fig. v.

45 Praxis rerum civilium, auct. Jod. Damhouder. Antverpiae, J, Bellerus, 1567. in-4. 13 gravures de la grandeur des pages. vél.

Première édition.

46 Histoire naturelle des oiseaux mouches par Lesson. Paris, Arthus Bertrand. S. D. fig. color. Les trochilidées, ou les colibris et oiseaux mouches, par R. P. Lesson. Paris, Arthus Bertrand. s. d. fig. color. 2 vol. gr. in-8. cart. non rogn.

Ancien et beau coloris.

47 Contemplatio ferarum bestiarum ingeniosissimis carminibus dom. Bart. Henr. Brokes illustrata. Joh. Elias Ridinger inventor, sculpsit et excud. Augustae Vindelicorum, 1736. gr. in-fol. obl. d. rel.

Le plus beau livre de Ridinger. Très belles épreuves.

48 Voyage autour du monde, fait par ordre du Roi, sur les corvettes l'Uranie et la Physicienne, pendant les années 1817—20, par Freycinet. Paris, 1824—44. 10 vol. in-4, et quatre atlas in-fol. ce bel ouvrage de compose ainsi :

a. Histoire du voyage, rédigé par M. de Freycinet. 3 vol. in-4, et atlas in-fol. de 112 planches dont plusieurs coloriées, dem.-rel., non rogn.
b. Zoologie, rédigé par M. M. Quoy et Gaymard. 1 vol. in-4 et atlas in-fol. de 96 planches dont 80 coloriées, dem.-rel. veau ant., non rogn.
c. Botanique, par Gaudichaud. 1 vol. in-4 et atlas in-fol. de 120 planches, dem.-rel. veau ant., non rogn.
d. Figure du globe et observations du pendule. in-4. br.
e. Magnétisme terrestre. 1 vol. in-4. br.
f. Météorologie. 1 vol. in-4. br.
g. Navigation et Hydrographie. 2 vol. in-4 et atlas de 22 cartes, gr. in-fol., cart., non rogn.

Bel exemplaire de souscription parfaitement complet, les atlas sont reliés avec le plus grand soin.

49 Voyage pittoresque de Genève à Milan par le Simplon. Paris, Didot l'ainé, 1811. in-fol. demi rel. cuir de Russie.

Avec 35 planches dessinées par Lory et coloriées au pinceau.

50 Voyage pittoresque de Constantinople et des rives du Bosphore d'après les dessins de M. Melling (avec un texte rédigé par M. Lacretelle le jeune). Paris, Treuttel, 1809—1819. très gr. in-fol. fig. demi rel.

51 Histoire générale d'Allemagne, par le P. Jos. P. Barre. Paris, 1748. 10 tom. en 11 volumes, in-4. maroq. rouge fil. tr. dor. (Padeloup,)

Ex.re en grand papier aux armes du roi de Pologne.

52 De omnibus illiberalibus seu mechanicis artibus ad nostram aetatem adinvent. Auct. Hartmanno Schoppero. Francofurti, 1574. pet. in-8. fig. en bois par Josse Amman, vél. Bel exempl.

Volume rare orné de 130 jolies gravures représent. les ouvriers, artisans et artistes du 16me siécle dans leurs ateliers.

Le volume est précieux pour l'histoire du costume.

53 Anthologia gnomica, illustres veterum graecae comoediae scriptorum sententiae, — collectae a Chr. Egenolpho. Francofurti, Feyerabend, 1579. pet. in-8, maroq. bleu, dent. à froid, tr. dor. (rel. angl.)

Cet ouvrage est illustré par un grand nombre de jolies gravurés sur bois par J. Amman, ces figures formant un beau recueil de costumes de l'époque, sont recherchées à juste titre. L'exemplaire est beau.

54 Todtentanz durch alle Stände der Menschen. Eberhard Kieser excudit. S. L., 1618. pet. in-4. vél.

Soixante planches gravées sur cuivre avec des bordures. Ces planches sont pour la plus part des copies d'après la Danse des morts de Holbein.

Première édition très rare, Mr. Brunet la cite par erreur comme étant sans date, mais la date se trouve en très petits chiffres dans la bordure du titre.

55 Schouwtonel des Dodes. Danse des morts inventé par Sal. Rusting. Amsterdam, 1756. pet. in-8, fig. en taille douce, vél.

56 Figures de l'éloge de la Folie d'Erasme dessinées, à la plume par H. Holbein sur les marges d'un exemplaire de cet ouvrage qui se trouve à la Bibliothèque publique de Basle. Basle, 1829. gr. in-4, en ff.

57 Symbolicarum quaestionum de universo genere, quas serio ludebat, libri quinque, auct. G. Bocchio. Bononiae, 1573. in-4. fig. de Giulio Buonasone, vél.

Une des planches réprés. une guillotine.

58 Recueil d'estampes d'après les tableaux du cabinet de Monseigneur le duc de Choiseul, par les soins de Mr. Basan. Paris, chez l'Auteur, 1771, in-folio, cart. non rogn.

59 Le musée français ou collection complète des tableaux, statues et bas-reliefs qui composent la collection nationale, publié par Robillard, Péronville et Pierre Laurent. Paris, 1803—1811. 4 vol. gr. in-folio, maroq. vert dent. tr. dor. Exemplaire avec épreuves avant la lettre, pourtant on y trouve quelques unes avec la lettre. — Le musée royal, publié par Henri Laurent (avec des descriptions par M. M. Visconti, Guizot et le comte de Clarac). Paris, 1816—1822. 2 vol. En tout 6 vol. gr. in-fol., mar. vert. large dent. comp. tr. dor. (Mackenzie).

Très bel exempl.

60 Paesi di Gaspare Pussino incisi all'aqua forte de Adolfo de Heydeck. Lipsia, R. Weigel, S. D. 21 planches in-folio (complet.)

Exempl. de choix en grand papier.

61 Galerie de Leuchtenberg avec 262 planches gravées à l'eau forte par N. Muxel. Avec un texte (en allemand) par D. Passavant. Frankfurt, 1851. gr. in-4. demi rel.

62 La galerie de tableaux et les dessins et gravures les plus précieuses de la collection de Mr. le baron de Speck-Sternburg (avec explication en allemand). Premiére partie in-folio. 1827. Deuxiéme partie très gr. in-4. Leipzig, 1837. 2 vol. fig. demi-rel.

Galerie très rare, elle n'a pas été mise en vente.

63 La vita di Gesu Cristo dipinta da fra Giovanni da Fiesole, detto il beato Angelico, lucidata dal originali che si conservano nella Galleria Fiorentina, disegnata ed incisa da G. B. Nocchi, Firenze, 1843. très grand in-folio, 24 planches, demi-rel. maroq.

64 Logge del Vaticano. Raffaelle d'Urbino inven. e dip. Carlo Lasinio R. Pinc. Roma, presso Nicola de Antoni. S. D. 2 part. en 1 vol. gr. in-fol. Cart.

65 Das Nibelungenlied, illustrirt von Eduard Bendeman und Julius Hübner. Leipzig, Wigand, 1840. gr. in-4. fig. en bois. cart. en toile.

Chef d'oeuvre de typographie. Chaque page est entourée d'une bordure.

66 Hypnerotomachie, ou discours du songe de Poliphile, deduisant comme amour le combat à l'occasion de Polia. Paris, J. Kerner, 1561. pet. in-fol. veau. (Avec quelques raccomod. aux derniers feuillets, du reste beau).

Les belles figures au simples trait ont rapport à l'architecture et à l'ornementation. Celle de la page 69 est intacte.

67 Viator (Jean Pelèrin, dit) de artificiali perspectiva. Tulli, opera Petri Jacobi pbri, 1509. in-fol. goth., fig. sur bois, maroq. brun, compart. à froid, non rogné, tête dorée.

Un des quatre exemplaires imprimés **sur peau de vélin**, de la réproduction faite par Mr. Pilinski. — Cet ouvrage (qui est le prémier traité connu de perspective pratique) est remarquable par les belles gravures en bois dont il est orné. Il est écrit en latin et en vers français. Tous les édifices et intérieurs représentés sont des monumens qui existaient ou existent encore en France, ils ont été dessinés d'après nature.

68 Hierinn sind begriffen vier Bücher menschlicher Proportion, durch Albrechten Dürer. Nürnberg, 1528. in-fol. goth. fig. en bois. v.

Première édition. Exempl. avec les errata.

69 Dess Circkelss und Richtscheyt, auch der Perpective Unterweysung. Perspective à l'usage des architectes, peintres, sculpteurs, orfèvres, etc.von Hans Lautensack. Frankfurt, 1618. in-fol. fig. en bois. vél.

70 Application de la perspective linéarie aux arts du dessin par J. T. Thiebault, peintre et architecte. Mis au jour par Chapuis, son eléve. Paris, 1827. gr. in-4. Avec portr. et 52 planches, br.

71 Tutte l'opero e prospetiva di Sebastiano Serlio; Con la aggiunta delle inventione die 50 porte e gran numero di palazzi publici e private nella citta, ed in villa. Con un indice copiosissim. e con molte considerazioni, da D. Scamozzi. Venezia e Vicenza, Giacoma de Franceschi, 1619. 3 vol. en un, in-4, nombreuses fig. en bois, peau de tr.

72 L'idea della architettura universale di Vicentio Scamozzi. Venetiis, expensis autoris, 1615. in-fol. fig. peau de tr. (aus armes).

73 Dell'idea della architettura universale di Vincenzio Scamozzi. Venezia, Albrizzi, 1714. 2 vol. in-folio. fig. vél.

74 Règles des cinq ordres d'architecture de Barozzi de Vignola; Nouveau livre. On y a joint un essai sur les mêmes ordres suivant les sentiments des plus celébres architectes. Le tout enrichi de vignettes et cartels, dessinés et gravés par Babel. Paris, 1747. in-4, d. rel.

On a relié à la fin du volume 82 panches d'ornements par François de Cuvilliés, très belles èpreuves tirées sur papier fort.

75 Oeuvres complètes de Jacques Barozzi de Vignola, publiées par A. Lebas et F. Debert - ·itectes. Paris, Didot, 1815. gr. in-folio. demi-rel.

76 Architectura recreation.., von allerhand Civil-Gebäuden. (Architecture civile, hôtels, maisons de plaisance, etc. durch J. Furttenbach. Augsburg, 1640. in-fol. Fig. vélin.

77 Architecture antique et moderne, par le Blond, peintre du Roy. Paris, 1683, pet. in-4, fig. vél. Entièrement gravé.

78 Architecture françoise, ou recueil des plans, élévations, coupes et profils des maisons de plaisance situées tant aux environs de cette ville qu'en autres endroits de la France (par Blondel.) Paris, 1728. gr. in-fol. veau.

C'est le 3me volume du grand ouvrage de Blondel.

79 De la distribution des maisons de plaisance et de la décoration des édifices par I. B. Blondel. Paris, 1737. 2 vol. gr. in-4, fig. v.

80 Architecture moderne, ou de l'art de bien bâtir pour toutes sortes de personnes, par E. A. Jombert. Paris, 1754, 2 vol. in-4, gr. nombre de planches, v.

81 Les ordres d'architecture, par Vredeman de Vriese. Anvers, 1578. titre (en flamand) et 30 planches. — Second livre, par le même. Anvers, Cock, 1565, titre, frontisp. gravé et 22 planches. 1 vol. in-fol. obl. cart.

Deux suites rare; la seconde est fort belle.

82 Artis perspectivae plurium generum elegantissimae formulae, multigenis fontibus, nonnullisque hortulis affabre factis exornatae . . ., Inventor Joan. Fridmannus Frisius. Antverpiae, Ger. de Jode, 1568. 16 pl. in-fol. obl. cart.

Suite complète et rare.

83 Architectura von den 5 Colonnen, par Joh. Vredeman de Vriese. Antverpiae, G. de Jode, 1581—93. 3 part. un vol. gr. in-fol. vél.

Ouvrage dans le genre de Dietterlin d'une belle execution et très rare. Première partie, titre gravé, 1 f. non chiffrè 12 pl. chiffr. (manque planche 7). — IIme part. 2 pl. non chiffr. et 18 pl. signat. A—S. — IIIme part. titre, une pl. non chiffr. et 22 pl. chiffr. — IVme part. 22 planches chiffr. (manquent pl. 1. 6. 13. 17. 19.).

84 Architectura, von Ausztheilung, Symmetrie und Proportion der fünff Säulen, durch Wendel Dietterlein, Maler zu Strassburg. Nürnberg, bey Paulus Fürst, 1655. 209 planches et portr. in-fol. vél.

85 Architectura moderna ou les édifices de notre époque, comme églises, tours, hôtels de ville, portes, maisons, tombeaux, etc. executés par Henri de Kayser, sculpteur et architecte de la ville d'Amsterdam, avec le concours de Cornelis Danckerts, maitre maçon et architecte de la ville d'Amsterdam (titre en hollandais). Amsterdam, chez Cornelis Danckerts, 1631. in-fol. vél.

Quarante quatre planches d'une riche architecture et fort bien gravées.

86 Gründtliche Darstellung der fünff Seüllen ...., mit schönen Grundtrissen, Lusthäusern, etc. auf hundert und mehr Kupfer radirt durch Abraham Leuthner, Maurer-Maister von Prag. (Prag), 1677. gr. in-fol. vél. rouge.

Volume des plus rares qui contient un grand nombre de pièces d'ornementation. Plusieurs pièces mobiles donnent des détails curieux pour les constructions.

87 Fürstlicher Baumeister oder Architectura civilis. Inventirt durch Paulum Decker. Augsburg, Wolff, 1711—16. 3 part. en 1 vol. gr. in-fol. obl. d. rel.

Ouvrage composé de 132 planches dessinées dans le genre de Le Pautre et Berain. Riches décorations style Louis XIV.

88 Baukunst, antique und nach dem heutigen Gusto, oder die gantze Civil-Architectur von Goldmann, herausg. von Chr. Sturm. Augsburg, 1721. in-fol. nombreuses figures par Decker et Corvinus. vél. bl.

Très bel exempl.

89 Lucidum prospectivae speculum, wobei noch 18 Plafonds., von Paul Heineken. Augsbourg, 1753. in-fol. 96 planches. v.

90 Traité théorique et pratique de l'art de bâtir, par J. Rondelet. Paris, 1802—1817. 4 tom. en 9 vol. gr. in-4. fig. cart.

91 Architecture civile théoretique et pratique, enrichie d'une histoire descriptive et analitique des édifices anciens et modernes les plus remarquables, par K. F. de Wiebeking. Munich, 1826 et années suiv. 7 vol. gr. in-4 et atlas gr. in-folio, cart. non rogn.

92 Die Baukunst nach den Grundsätzen der Alten, von A. Hirt. (L'architecture suivant les principes des anciens). Berlin, 1809. 2 vol. en un, in-folio, fig. demi-rel.

93 Die Tektonik der Hellenen, von Karl Bötticher. Potsdam, Riegel, 1845—1852. 4 vol. en un, in-4, et atlas gr. in-4. 2 vol. demi-rel.

94 Denkmale der Baukunst am Niederrhein. (Monumens d'architecture sur les bords du Bas-Rhin depuis le VIIme jusq'au XIIIme siècle, par M. Sulpice Boisserée. Munich, 1833. gr. in-folio, fig. demi rel.

95 Monasticon Anglicanum sive pandectae Coenobiorum, Benedictinorum, Cluniacensium, Cisterciensium et Carthusianorum, per Rogerum Dodsworth et Guilelmum Dugdale. Londini typis Richardi Hodkinsonne, 1655. in-folio, fig. de Hollar et King, peau de tr. ferm. Bel exempl.

Premier tirage de la première partie du celébre ouvrage, recherché à cause des gravures. Belles épreuves.

96 Les Basiliques de Rome chrétienne mesurées et dessinées par J. G. Gutensohn et J. M. Knapp, avec une explication (en allemand) par Josias Bunsen. Munich, S. D. Un vol. de planches gr. in-fol. d. rel. cuir de Russie et un vol. de texte gr. in 4, cart.

97 Theatrum Basilicae Pisanae in quo praecipue illius partes enarrationibusque ostenduntur, cura et studio Josephi Martini. Romae, 1705. — Appendix ad theatrum Basilicae Pisanae, in qua sarcophagi, volumen exultet, et alia nonnulla monumenta, descriptionibus et iconibus exhibentur. Romae, 1723. 2 vol. en un, gr. in-fol. Parch.

Bel exemplaire. L'appendice est rare.

98 Charpente de la cathédrale de Messine dessinée par M. Morey, architecte, gravé par H. Roux. Paris, Didot, 1841. gr. in-fol. fig. impr. en couleurs, d. rel.

Chaque page est entourée d'une large bordure imprimée en or et en couleurs.

99 Altchristliche Baudenkmäler von Constantinopel. (Les monumens de l'art chrétien à Constantinople du Vme au XIIme siècle) herausg. von W. Salzenberg. Berlin, Ernst und Korn, 1854. gr. in-fol. fig. en noir et color. cart. dos de toile.

Ouvrage magnifique.

100 Plans et profils des églises russes, par Thon. Texte en russe. St. Petersbourg. Figures sur papier de Chine. Un autre ouvrage sur les églises russes, texte en russe. Moscou, 1845. 2 vol. en un, gr. in-fol. demi-rel.

101 Frise de la nef de l'église St. Vincent de Paul, peint par Hippolyte Flandrin. Paris, Haro. S. D. Gr. in-folio obl. cart. dos de toile.

Tiré en couleur bistre. Exemplaire sur papier de Chine, avec dédicace de Mr. Flandrin.

102 Joa. Androuet du Cerceau exemplaria templorum. Aureliae, 1550. in-4 carré, 36 planches y compris le Frontispice, veau br. fil. tr. dor. (Première reliure, on remarque sur les plats un lion rampant),

103 Livre des édifices antiques Romains par Jaques Androuet du Cerceau. L. S. 1584. 2 ff. de texte et 48 planches in-fol. demi rel.

Bel exempl.

104 Le premier (et second) volume des plus excellents bastiments de France auquel sont designez les plans de 15 (30) bastiments, et de leur contenu, ensemble les élévations et singularitez d'un chascun. par Jacques Androuet des Cerceau. Paris, pour ledit Jacques Androuet du Cerceau, 1576, 2 vol. in-fol., vél.

Première édition et très belles épreuves, l'exemplaire est un peu court de marges en haut.

105 Soixante trois planches du livre d'architecture d'Androuet du Cerceau, in-folio. Belles épreuves.

106 Theatrum instrumentorum et machinarum Jacobi Bessoni, Delphinatis. Cum Fr. Beroaldi figurarum declaratione demonstrativa. Lugduni, apud Barth. Vincentium, 1578. gr. in-folio, parch.

60 planches gravées par Androuet du Cerceau. L'exempl. grand de marges est legèrement mouillé dans la marge du fond.

107 Les antiquitez, chroniques et singularitez de Paris, ville capitale du Royaume de France, avec les fondations et bastimens des lieux: les sepulchres et epitaphes des Princes, Princesses et autres personnes illustres. Seconde édition. Par G. Corrozet, Parisien. A Paris, en la boutique du dict Gilles Corrozet, 1561, pet. in-8, vél.

Bel exemplaire presque non rogné.

108 Topographia Galliae. Beschreibung u. Contrafeiung d. vornehmsten Oerter im mächtigen Königreich Frankreich. Francfort, 1633—61, 13 part. en 2 vol. in-fol., fig., v.

Ouvrage orné de centaines de gravures par Mérian. L'explication des plans de Paris, qui manque presque toujours, se trouve dans notre exemplaire.

109 Jardin de Monceau près de Paris, appartenant à Mgr. le duc de Chartres, avec 18 planches gravées par Carmontelle. Paris, 1779, gr. in-folio, cart. non rogn.

Bel exemplaire. Jolis costumes.

110 Vues de châteaux des département de France, par Perelle et Meunier. Paris, Mariette s. d, 24 pièces sur 20 ff', in-fol. obl. d. rel. dos de toile.

111 Vues de Rome et des environs, par Perelle. Paris, Mariette, s. d., 22 pl. in-fol. obl., cart. dos de toile.

112 Vues de Chantilly, par Aveline et Perelle. Paris, Mariette, s. d., 54 pièces sur 33 ff. gr. in-fol. obl. cart. dos de toile.

113 Vues des belles maisons des environs de Paris et autres. Paris, Mariette, s. d., 143 pièces sur 134 ff., in-fol. obl., cart. dos de toile.

114 Vues de Paris, par Perelle, Aveline et autres. Paris, Mariette, s, d., 81 pièces sur 75 ff., in-fol. obl., cart. dos de toile.

115 Collection factice de planches de chateaux, et de maisons de Paris, Hardouin, sculp., 1678, et d'autres par Le Pautre. — Recueil des plus beaux portails des églises de Paris, P. Cottart fecit. Paris, 1660. — Dessins de chaires de M. Sarazin. Paris, Mariette, s. d. — Dessins de tombeaux nouvellement inventez, par J. B. Coro. Paris, Gaurot. — Dessin du Mausolée et de décoration funèbre pour le service de Louis Bouscherat, Berain invenit, 3 planches. Paris, Mariette, 1699; en tout 119 planches dans 1 vol. gr. in-fol. bas.

116 Principaux monumens et vues pittoresques de la ville de Paris, dessinés d'après nature par C. Civeton. Paris, Vallardi, S. D. 3 livr. in-fol.

Exempl. en papier vélin.

117 Description générale de l'hostel Impérial des Invalides (par le Sr. de La Porte). Paris, 1683. in-fol. fig. v.

118 Histoire du Palais Royal. Paris, 1843. gr. in-4, nombreuses fig. d'après Fontaine. demi-rel.

119 Le chateau du bois de Boulogne, dit chateau de Madrid, par le comte Léon de Laborde. Paris, 1855. gr. in-8, pap. de Hollande. br.

Tiré à 100 exemplaires. Rare.

120 Chateau de Neuilly, domaine privé du Roi. Paris, Pihan de Laforest, 1836. in-4. fig. color. demi-rel.

121 Chateau d'Eu. Paris, Imprimerie de Pihan de Laforest, S. D. gr. in-4. Fig. demi-rel. maroq. non rogn. (Capé.)

122 Résidences des Souverains. Paralelle entre plusieurs résidences des Souverains de France, d'Allemagne, de Suède, de Russie, d'Espagne et d'Italie. Par C. Percier et L. Fontaine. Paris, au Louvre, 1833. gr. in-4. demi-rel. mar. non rogn. et atlas gr. in-fol., cart. (Capé.)

123 Urbis Venetiarum prospectus celebriores ex Antonii Canal tabulis XL aere expressi ab Antonio Visentini. Venetiis, apud Th. Viero, S. D. gr. in-fol. demi-rel. cuir de Russie. non rogn. tête dor.

Bel exemplaire avec les portraits de Canal et Visentini.

124 Werke der höheren Baukunst. (L'architecte royal.) Von C. F. Schinckel. Potsdam, 1845 et années suivantes. gr. in-fol. obl. fig. noires et en couleurs, cart.

Ouvrage magnifique.

125 Hôtels dans la rue Victoria à Berlin, par F. R. Hitzig. Berlin, Ernst et Korn, S. D. gr. in-fol. fig. noires et en couleurs, cart. en toile.

126 Ausgeführte Bauwerke in Berlin. (Hôtels et maisons bourgeoises nouvellement construites à Berlin.) Von E. Hitzig. Berlin, Ernst et Korn, S. D. 2 vol. gr. in-fol., le prem. en demi-rel. le second en carton.

Ces deux ouvrages avec planches noires et color. sont d'une execution remarquable.

127 Report of the select committee on the National Gallery. London, 1853. 2 vol. in-fol. plans. br.

Mr. de Klenze était consulté pour la construction du Musée Britannique. On trouve dans le volume 6 lettres autographes de Mr. le colonel Mure, y compris l'original des questions posées à Mr. de Klenze; un autographe de Lord Aberdeen, et une lettre de Sir Milbanke.

128 Les plus beaux édifices de la ville de Génes et de ses environs, recueil publié par M. Gauthier, architecte. Paris, 1818—1832. 2 vol. gr. in-fol. fig. demi-rel.

129 Architecture de la Toscane, ou palais, maisons et autres édifices de la Toscane, mesurés et dessinés par A. Grandjean de Montigny et A. Famin. Paris, Didot, 1815. in-fol. fig. demi-rel.

130 Monumenti sepolchrali della Toscana disegnati da Vincenzo Gozzini, incisi da G. P. Lasinio, sotto la direzione dei signori P. Benevenuti e L. de Cambray Digny. Firenze, 1819. in-fol., 48 planches, cart. non rogn.

131 Palais, maisons et autres édifices modernes dessinés à Rome. Paris, Ducamp, 1798. in-fol., fig. demi-rel. cuir de Russie.

132 Choix des plus celèbres maisons de plaisance de Rome et de ses environs, mesurées et dessinées par Charles Percier, et P. L. Fontaine. Paris, Didot, 1809. pap. vélin. gr. in-fol. fig. demi-rel.

133 Palais Massimi à Rome. Plans, coupes, plafonds, etc. des deux palais Massimi, dessinés et publiés par T. Suys et L. P. Haudecourt. Paris, 1808. gr. in-folio, fig. demi-vél.

134 Architecture moderne de la Sicile, ou recueil des plus beaux monuments religieux et des édifices publics et particuliers les plus remarquables, mesurés et dessinés par J. Hittorff et L. Zanth, architectes. Ouvrage redigé par J. J. Hittorf. Paris, 1835. gr. in-folio, fig. demi-rel.

135 Vues des plans des palais et maison de plaisance etc. de S. M. le Roy de Prusse, dessinées et gravées par J. B. Broebes, architecte. Augsbourg, 1733. gr. in-fol. obl. Titre grav. et 47 planches, d. relt vél.

136 Le jardin de plaisir, contenant plusieurs desseins de jardinage tant parterres en broderie, compartiments de gazon que bosquets et autres, par André Mollet, maistre des jardins de la Sérénissime Reine de Suède. Stockholm, chez H. Kayser, 1651. gr. in-fol., portrait par M. Lasne et 30 grandes planches, vél.

Volume très rare en France.

137 A collection or antique vases, from various museums and collections engraved by Henry Moses, 150 planches dont une partie imprimée en couleurs. London, S. D. in-4, cart. en toile, non rogn.

138 Ornamente aller klassischen Kunstepochen, nach den Originalen dargestellt von W. Zahn. Berlin, Reimer, 1843—1848. 2 vol. en un, in-fol. obl. demi rel.

Cent planches d'ornementation de l'antiquité et du moyen âge, imprimées en couleurs et d'une exécution remarquable.

139 Les ornements du moyen âge par Charles Heideloff. Nürnberg, 1847—1853. 3 vol. gr. in-4, et suppl. fig. grav. sur acier. 2 vol. cart. en toile et le reste en livraisons. (Collection complète).

140 Collection d'ornements d'architecture à Rome, des XVme et XVIme siécles par G. Gutensohn et J. Thürmer, (avec explication en allemand). Drèsde, 1832. gr. in-fol. fig. demi-rel.

141 Ornements italiens et arabes du moyen âge par F. M. Hessemer. (Texte en allemand.) Berlin, S. D. 2 vol. en un, in-folio. 120 planches imprimées en couleurs, demi-rel.

142 Imperatorum Romanorum omnium verissimae imagines ex antiquis numismatis quam fidelissime delinneatae. Tiguri, ex off. Andr. Gessneri, 1559. très gr. in-fol., vél.

Cet ouvrage contient un grand nombre de portraits gravés sur bois et datés en général de 1546. Le principal mérite de l'ouvrage consiste en ce qu'il est orné (au verso des portraits) de beaux dessins de nielles et damasquinures qui ont été copiés plus tard par Androuet du Cerceau. Une des plus belles de ces gravures qui se trouve au verse du feuillet 50, porte le monogromme P. F. (Paul Floetner) et la date de 1546.

143 Jacobus Androuetus Du Cerceau lectoribus s. — Nihil aliud semper cogitanti et molienti mihi, quam ut promissa exolverem quod testantur satis superiores nostri labores . . . visum est librum hunc recens a me conscriptum de eo picturae genere quod Grottessche vocant Itali in vestram gratiam emittere. Aureliae, 1550, pet. in-4, maroq. rouge, tr. dor (Hardy).

Exemplaire complet de la première édition, quelques planches ont été réemmargées.

144 Douze planches d'ornements, trophées, arabesques etc., gravées en maniére pointillée par P. Vlint. (Nürnberg, vers 1560). 12 planches in-4.

Très rares. Les planches sont très belles.

145 Oeuvre de Simon Vouët. Paris, 1624 et suiv., 136 planches gr. in-folio, cart. dos de toile.

On trouve à la fin : Livre de grotesques peintes dans le cabinet et bains de la Reine régente au Palais Royal, 1647.

146 Divers ornements d'architecture recueillis et dessignés après l'antique par Mr. Stella, peintre du Roy (et publ. qar Claudine Bouzonnet Stella.) Paris, aux Galeries du Louvre. 1658. Titre, Frontispice et 66 planches. — Livre de vases par C. Bouzonnet Stella. Paris, chez Claudine Stella, 1657. 50 planches. 2 vol. en un, gr. in folio. Cuir de Russie, dent. tr. dor. (Anc rel.)

147 Curieuse recherche de plusieurs beaux morceaux d'ornements antiques et modernes tant dans la ville de Rome que autres villes et lieux d'Italie, desiné et mis en lumière par moy Adam Philippon menuisier et ingenieur ordinaire du Roy. Chez l'Autheur, proche la porte St. Martin, rue du Verbois, 1645. 25 pièces in-fol.

Suite rare. Sur le frontispice se trouve le portrait d'Anne d'Autriche.

148 Décoration intérieure d'un petit salon inventé et gravé par J. Le Pautre architecte et dessinateur des bâtiments du Roy., 6 pièces. — Cheminées et lambris à la mode exécutés dans les nouveaux bâtiments de Paris, 6 pièces. — 12 pièces in-fol.

149 Le Pautre. Portes cochères, 6 pièces. — Livre de frise et ornements, 6 pièces. — Rinceaux de frises et feuillages, 6 pièces. — Ensemble, 24 pièces in-fol.

150 Le Pautre. Nouveaux dessins d'autels à la romaine, 6 pièces. — Autels et retables, 12 pièces. — Autres dessins d'autels, 6 pièces. — Tabernacles d'autels à l'italienne, 6 pièces. — Tombeaux ou mozoles, 1661, 12 pièces. — (Tombeau de Henri II, Tombeau de Charles VIII à St. Denis, par Marot). — Chaires de prédicateurs, 12 pièces. — Ensemble, 57 pièces in-fol.

151 Le Pautre. Tabernacles. Paris, chez P. Mariette, 6 pièces. — Portails d'églises à l'italienne, 6 pièces. — Desseins d'autels, 12 pièces. — Retables et autels, 6 pièces. — Tabernacles pour embellier les autels, 6 pièces. — Ensemble, 36 pièces, in-fol.

152 Le Pautre. Lambris à l'italienne, 6 pièces. — Portes, placards et lambris de quelques maisons royales, 6 pièces. — Recherche de plusieurs beaux morceaux d'ornemens pour servir aux frontons, plafonds, etc. Paris, Mariette, 1661, 6 pièces. — Alcoves à l'italienne. Paris, Jollain, 1665, 6 pièces. — Fontaines. Paris, Mariette, 1661, 6 pièces. — Ensemble, 30 pièces in-fol.

153 Le Pautre. Nouvelles cheminées à panneaux de glace exécutées dans quelques hôtels de Paris, 6 pièces. — Chemineés nouvelles à la

mansarde, 6 pièces. — Nouveaux desseins de lambris à panneaux de glace, 6 pièces. — Cheminées à la royale à grand miroir et tablette, avec lambris de menuiserie, 6 pièces. -- Ensemble, 24 pièces in-fol.

154 Recueil des plus beaux portails de plusieurs Eglises de Paris, P. Cottart fecit. Paris, van Merlen, 1660. 12 pl. in fol.

La Sorbonne. — St Nicolas des Champs. — Les Feuillants, — Les Jesuites. — St Laurent. — Les Filles St. Elisabeth. — St. Gervais. — Ruel. — Les Peres de la Mercy. — Noviciat des Jesuites.

155 Desseins de cheminée et lambris de menuiserie pour la decoration des appartements, par Blondel. 6 ff. gr. in-fol. non rogn. (Rare).

156 Plan d'une maison particulière du dessin du Sr. Leblond, 6 pièces. — Parterres et compartiments divers pour dresser en plusieurs agréables façons les jardins des grandes et medioeres maisons. Mariette exc. HP fecit, 8 pièces. in-fol.

157 Divers ornements, frises, mascarons, moulures, rosaces, etc., par Jean Marot, 12 pièces, in-fol. (rare).

158 Nouveaux desseins d'ornements pour l'embellissement des carosses, panneaux, lambris, etc., nouvellement inventez par N. Loire et gravez par A. Loire, 6 pièces. — Desseins pour embellir les chaises roulantes inventez par N. Loire et gravez par A. Loire, 6 pièces. in-fol.

Deux suites rares.

159 Oeuvre de Jean Berain. Paris, 1711, et suiv, 161 pièces en 1 vol. gr. in-fol., portr. d. rel. mar.

Très rare. Eprouves anciennes de toute beauté.

160 Alfabeto in sogne per designare di Giuseppe Mitelli, pittore Bolognese. S. L. 1683. in-fol. cart.

Alphabet grotesque.

161 Recueil d'airs. S. L. n. D. (Paris vers 1750). 9 ff. gr. in-8. fig. et bordures. br.

162 Ornements qui se trouvent dans les plus beaux édifices de Munich, publiés par L. Rottmann et imprimés en couleurs. 20 planches. Munich, s. d. gr. in-fol. demi rel.

163 Recueil d'emblèmes, dévises, médailles et figures hiéroglyphiques au nombre de plus de 1200 avec leurs explications. Accompagné

plus de 2000 chiffres fleuronnéz, avec les tenants, supports et cimiers servans aux ornemens des armes, par le Sr. Verrien. Paris, 1696. in-8. portr. v.

164 Annali dell' instituto archeologico. Roma, 1829—1843. 15 vol. et table. Serie nuova. Roma, 1844—1853. 10 vol. et table. — Bulletino dell' instituto archeologico. Roma, 1829—1853. 20 vol. — Gerhard, Thatsachen des Instituts in Rom. Berlin, 1853. Gerhard notice sur l'institut archéologique. Rome, 1840. en tout 49 vol. in-8. fig. dont 45 en demi-rel. et 4 broch. Monumens inédits publiés par l'Institut archéologique sous la direction de M. M. Gerhard et Panofka. Rome, 1829—1853. Monumenti annali e bolletini dell' Instituto archeologico. Roma, 1854. Monumenti, annali, etc. Gotha, 1855. 2 part. un vol. 6 vol. in-fol. fig. demi-rel.

Serie très rare.

165 L'antiquité expliquée et représentée en figures, par Bern. de Montfaucon. Paris, Delaulne, 1719. 10 vol. Supplement. Paris, 1724. 5 vol. En tout 15 vol. in-fol. fig. demi-rel. cuir de Russie.

166 Winckelmann's sämmtliche Werke, Donaueschingen, 1825. 12 vol. gr. in-8. et atlas in-fol. d. rel. dos de toile, non rogn.

La meilleure édition des oeuvres de Winckelmann. Exemplaire en grand papier.

167 Musée des antiques, dessiné, gravé et terminé à l'eau forte par Pierre Bouillon. (Avec des notes explicatives par Mr. Bins de St. Victor.) Paris, 1811—1827. 3 vol. gr. in-fol. d. rel. mar. rouge, tr. dor.

168 Recueil des pierres gravées antiques (par Mich. Ph. Levesque de Gravelle). Paris, Mariette, 1732—1737. 2 vol. gr. in-4, 205 planches. Maroq. citr. fil. tr. dor. (Padeloup).

Bel exempl.

169 The antiquities of Magna Graecia, by William Wilkins. Cambridge, University-press, 1807. gr. in-fol. fig. demi-rel.

170 The unedited antiquities of Attica; comprinsing the architectural remains of Eleusis, Rhamnus, Sunium and Thoricus. By the society of Dilettanti. London, 1817. gr. in-fol. fig. demi-rel.

171 Antiquities of Athens and other places in Greece, Sicily, etc. Delineated and illustrated by R. Cockerell, W. Kinnard, L Donaldson,

W. Jenkins, W. Railton, architects. London, Priestley, and Weale, 1830. gr. in-fol. fig. demi-rel.

172 Antiquities of Jonia, published by the society of dilettanti. London, 1821. gr. in-fol. fig. demi-rel. cuir de Russie.

173 A classical and topographical tour trough Greece during the years 1801—1806, by Edward Dodwell. London, Rodwell, 1819. 2 vol. gr. in-4, fig. demi-rel. cuir de Russie, non rogn. — Views and descriptions of Cyclopean, or Pelasgic remains in Greece and Italy, with constructions of a later period, from drawings by E. Dodwell. Intended as a suppl. of his classical tour in Greece. London, 1834, grand in-fol. 131 planches, cart. en toile, non rogn.

174 Expédition scientifique de Morée ordonnée par le gouvernement français. Architecture, sculptures, inscriptions et vues du Péloponèse des Cyclades et de l'Attique, mesurées dessinées, recueillies et publiées par Abel Blouet, Amable Savoisié, A. Poirot, Félix Trezel et F. de Gournay. Paris, 1831 et suiv. 3 vol. gr. in-fol. fig. Papier vélin. demi-rel. cuir de Russie.

175 The Mausoleum at Halicarnassus restored in conformity with the recently discovered remains, by James Fergusson. London, Murray, 1862. in-4. fig. cart. non rogn.

176 Vues de la Grèce. Gravées sous la direction de C. Frommel, S. l. n. d. (Karlsruhe). gr. in-4. cart. en percaline.

Exemplaire en très grand papier.

177 Tabula intineraria Peutingeriana, primum aeri incisa et edita a F. C. de Scheyb, denuo cum codice Vindoboni collata, emendata et nova Conradi Mannerti introductione instructa. Lipsiae, 1824. in-fol. cart.

178 Museum italicum, seu collectio veterum scriptorum ex bibliothecis italicis eruta a D. Joanne Mabillon et D. Michaele Germanio. Lutetiae Parisiorum, Montalant, 1724. 2 vol. in-4. fig. veau fauve.

179 Metaponte par le Duc de Luynes et F. J. Debacq, architecte. Paris imprimé chez Paul Renouard, 1833. gr. in-fol. fig. cart. (Bauzonnet).

180 Roma Sotteranea, opera postuma di Ant. Bosio, compita e disposta dal Giov. Severani da S. Severino, nella quale si tratta dé sacri

cimeterii di Roma, del sito, forma et uso antico di essi . . . nuovamente visitati et riconosciuti dal Sig. Ottavio Pico; publicata da Carlo Aldobrandino. Roma, 1632, gr. in-fol., fig. v.

Rare et recherché.

181 Antiquaria Urbis (Romae, carmine descripta) per Andream Fulvium. Romae, apud Jac. Mazochium, 1513. — Virginis Matris, apud Lauretum cultae, liturgia, per Erasmum Roterodamum. Basileae, apud Frobenium, 1523. 2 vol. en un, pet. in-4. vél.

182 Il Vaticano descritto ed illustrato da Erasmo Pistolesi, con disegni a contorni diretti dal pittore Camillo Guerra. Romae, Typographia della societa editrice, 1829—38, 8 vol. gr. in-fol., pap. vélin, 800 planches, demi-rel. vél., dor., non rogné.

Description la plus étendue et la plus exacte que l'on ait donné de la Basilique et des palais du Vatican, ainsi que des sculptures et des peintures qui en font parties.

Bel exemplaire parfaitement relié; les exemplaires d'ancien tirage comme celui-ci sont devenus rares.

183 A curious collection of ancient paintings, accurately engraved from excellent drawings, lately done after the originals, by one of the best hands of Rome. London, 1741. fig. — Les principes du dessin par Gérard de Lairesse. Amsterdam, 1719. fig. — Recueil de plusieurs figures d'Academie, par F. Verdier et grav. par J. B. Poilly. Paris S. D. — L'arte di restituire la tralasciata navigatione del suo Tevere. Roma, 1685. Pianta della stagno di Maccarese e Prospettiva della piazza del populo, e delle sontuosi tempii et altre fabriche che le circondano: da Cornelio Meyer. Roma, 1685. Un vol. in-fol., fig. peau de truie.

184 La prima parte della via Appia, dalla porta Capena a Boville, descritta e dimonstrata con i monumenti superstiti dal comm. L. Canina. Roma, Bertinelli, 1853. 2 vol. pet. in-fol., fig. cart. en toile, non rogn.

185 Restauration des termes d'Antoine Caracalla à Rome, par Abel Blouet, architecte. Paris, Didot, 1828. gr. in-fol., fig. demi-rel.

186 Il palazzo de' Cesari sul Monte Palatino, restaurato da Const. Thon, architetto della corte di Russia. Illustrato da VincentoBallanti. Roma, 1828. gr. in-fol. Fig. cart.

187 Il ristauro del foro Trajano, opera del Sig. Richter, con le dichiarazioni di Antonio Grifi. Roma, Alessandro Monaldi, 1839, gr. in-fol., fig. demi-rel.

188 Le antiche camere delle terme di Tito e le lore pitture, restitute al pubblico da Ludovico Mirri, delineate, incise, dipinte col prospetto, piante, etc. dall' abbate Giuseppe Carletti. Roma, Generoso Salomoni, 1776. gr. in-fol. obl. cart.

Bel exempl. Rare.

189 Viaggi in alcune citta del Lazio che disconsi fondati dal re Saturno. Roma, 1809. gr. in-fol. obl. 61 planches. cart. non rogn.

190 Descrizione dell' antico Tusculo dell' architetto cav. Luigi Canina. Roma, 1841. gr. in-fol. fig. rel. en toile non rogn.

191 L'antica città di Veii, descritta e dimonstrata con i monumenti dal cav. Luigi Canina. Roma, 1847. gr. in-fol. fig. cart. en toile non rogn.

Exempl. de présent, avec la notice: Opera edita in pochi esemplari da distribuirsi in dono.

192 Les Ruines de Pompéi dessinées et mesurées par Fr. Mazois, architecte, pendant les années 1809, 1810 et 1811 (et depuis). Ouvrage continué par Gau, architecte. Paris, Pierre et Firmin Didot, 1812—1838. 4 vol. gr. in-fol. fig. demi-rel.

193 Pitture antiche di Ercolano. Napoli, 1755—67. Vol. I—IV. 4 vol.. gr. in-fol. fig. mar. r. tr. dor.

194 Bronzi di Ercolano e contorni. Napoli, 1767—1771. 2 vol. gr. in-fol. Le Ier en mar. r. tr. dor. le IIme en v.

195 Catalogo degli antichi monumenti disotterati della citta di Ercolano (da O. A. Bajardi). Napoli, 1755. gr. in-fol. mar. r. tr. d.

196 Le antichità della Sicilia esposte ed illustrate da Dom. Faso Pietrasanta, duca di Serradifalco. Palermo, 1835—1842. 5 vol. in-folio, fig. d. rel.

197 Antiquités de France, par M. Clérisseau, architecte. Première partie. Paris, Pierres, 1768. gr. in-fol. fig. demi-rel.

Antiquités de Nimes. Tout ce qui en a paru.

198 Archives de la collection des monuments historiques, publiés par ordre de Mr. Fould. Paris, 1855 et années suiv. Livr. 1 à 79, gr. in-folio. En livraisons.

199 Fouilles à la porte d'Auguste, par A. Pelet. Nimes, 1849. Inscriptions antiques du cavaedium de la porte d'Auguste. — Essai sur le Nymphée de Nimes. Nimes, 1852. — Colonnes itinéraires

sur l'antique voie Domitia. Nimes, 1853. — Description de l'amphithéatre. Nimes, 1853. — Catalogue du Mussée de Nimes. Notice historique sur la maison carrée; etc. Nimes, 1853, 6 broch. d'Auguste Pelet, dans un vol. in-8, fig. et cartes. demi-rel.

200 Antiquités du Bosphore cimmérien, conservées au musée impérial de l'Erémitage. Ouvrage publié par ordre de S. M. L'Empereur de Russie (par le comte Ouwaroff). St. Petersbourg, 1854, et année suiv. 3 vol. gr. in-folio, dont un de planches. demi-rel. cuir de Russie.

Tiré à 200 exemplaires. Exempl. de présent.

201 Denkmaeler aus Aegypten und Aethiopien. C'est à dire: Les monuments anciens en Egyte et en Ethiopie publiés d'après les dessins des membres de l'expedition envoyée par Frédéric Guillaume IV roi de Prusse, par Carl Richard Lepsius. Berlin, Nicolai, 1853—1858. 6 part. 12 vol. gr. in-folio. 900 planches imprimées en partie en couleurs. En cartons.

Exemplaire offert par le roi de Prusse à Mr. de Klenze. Cet ouvrage magnifique publié au prix de 2700 francs a été tiré à petit nombre et il est épuisé. On a ajouté: Lepsius, Denkmaeler. Berlin, Nicolai, 1849. in 4. br.

202 Koenigsbuch der alten Aegypter von C. Richard Lepsius. Berlin, 1838. 2 vol. en un, grand in-4, fig, demi rel. maroq.

203 Monument de Ninive découvert et décrit par P. E. Botta, mesuré et dessiné par M, E. Flandin; ouvrage publié par ordre du Gouvernement, sous la direction d'une commission de l'Institut. Paris, Gide, 1846—1850. 5 vol. gr. in-fol., 400 planches. demi-rel. cuir de Russie.

Exemplaire de présent.

204 Monuments anciens et modernes de l' Hindostan, décrits sous le double rapport archéologique et pittoresque et précédés d'une notice géographique, d'une notice historique, etc. par L. Langlès. Paris, Didot, 1821. 2 vol. in-fol., fig. noir. et color. demi-rel. cuir de Russie, non rogn.

Bel exempl. Ancien coloris.

205 Herrad von Landsberg, Aebtissin zu Hohenburg (Herrad de Landsberg, abbesse de Ste. Odilie en Alsace au XIIme siècle, et son ouvrage: Hortus deliciarum. Recherches sur les sciences, la litterature, les arts, les habits, les armes et les moeurs du moyen âge) von Ch. M. Engelhardt. Stuttgart, 1818. un vol. in-8 et atlas colorié in-fol., cart. non rogn.

Rare. Adjugé 160 francs chez Bearzi. L'Atlas reproduit les miniatures du celèbre manuscrit de la bibliothèque de Strasbourg.

206 Les seize Nielles du grand lustre de la cathédrale d'Aix la Chapelle executé vers 1165 pour l'Empereur Frédéric I. et sa femme Béatrice de Bourgogne. Seize planches tirées à Aix la Chapelle sur les gravures originales. gr. in fol., cart. dos de toile.

Le plus ancien monument de la gravure en taille douce. On n'en a tiré, lors de la restauration du lustre qu'un très petit nombre d'exemplaires sur les planches originales au prix de 120 francs. Les gravures ont été executées dans le genre des gravures du XVme siécle, ce qui a permis d'obtenir des épreuves parfaites sept siécles après leur exécution.

207 Das Niello-Antipendium zu Klosterneuburg in Oesterreich, verfertigt im XII. Jahrhunderte von Nicolaus von Verdun. Herausgegeben von A. Camesina, beschrieben von Jos. Arneth. Wien, 1844. in-8 et atlas gr. in-fol. demi-rel. mar. bleu.

Les figures sont imprimées on or et couleurs. L'ouvrage a été tiré à très petit nombre et aucun exemplaire n'a été mis dans le commerce; les quelques exemplaires qui ont passé dans les ventes ont été vendus 450 à 500 frs.

L'artiste lorrain, moine bénédictin, qui a exécuté ce magnifique monument au XIIe siècle est presque inconnu; il était un des plus grands artistes de son époque.

208 Alterthümer und Kunstdenkmale des Bayrischen Herrscherhauses. (Antiquités et monumens de la Bavière, publiées par le baron M. d'Aretin.) München, 1857—1862. 4 part. gr. in-fol., fig. en cartons. Tiré à petit nombre.

Tout ce qui a paru de cet ouvrage magnifique, prix de chaque partie 48 francs. Cette collection réprés. des armes, des armures, des tapisseries, des sculptures, etc.

Presque toutes les planches sont peintes en or et couleurs.

209 Notice sur les peintures de l'église de Saint-Savin, par M. P. Mérimée. Paris, Imprimerie Royale, 1845. gr. in-fol., fig. noires et color. demi-rel. maroq.

210 Toiles peintes et tapisseries de la ville de Reims ou la mise en scène du théatre des confrères de la passion. Planches dessinées et gravées par C. Leberthais, études des mystères et explications historiques par Louis Paris. Paris, 1843. 2 vol. in-4 et atlas gr. in-fol. demi-rel. dos de toile.

211 Studien über Benvenuto Cellini (Etudes sur Benvenuto Cellini, par Jos. Arneth). Vienne, 1858. gr. in-4. broch.

Volume rare, extrait des Mémoires de l'Academie des Sciences de Vienne. Il est orné de 10 planches en chromo-lithographie, représ. des objets d'orfèvrerie.

212 Costumes de la cour de Bourgogne 1455—1460. Tirés de l'histoire de Girart, comte de Nevers et de la belle Euriant, sa mie. S. L. n. D. 5 livr. 25 planches in-fol. dans un carton.

213 Cleri totius Romanae ecclesiae subjecti, seu, pontificum ordinum omnium omnino utriusque sexus, habitus, artificiosissimis figuris nunc primum a Jodoco Ammanno expressi. Francofurti, sumptibus Sigismundi Feyrabendii, 1585. pet. in-4, fig. en bois, vél.

Bel exempl.

214 Abbildung der Ritterorden in Europa. (Représentation des ordres de chevalerie des deux sexes en Europe) dess. par G. Eichler et grav. en taille douce par A. Friedrich. Augsburg, 1759. in-12. v. tr. dor. et en couleurs.

Joli recueil.

215 Der allerdurchlauchtigsten Fürsten, Grafen und Herren Bildtnuss von Schrenk von Nozing. C'est à dire: Portraits et armures de princes, capitaines et chevaliers celèbres dont les armures se trouvent au chateau d'Ambras en Tirol. Innsbruck, 1603. gr. in-fol. vél. tr. dor. cisel. Bel exempl.

126 portraits en pied. Les armures, allemandes, italiennes, françaises et espagnoles des XVme et XVIme siècles qui composaient cette collection, reunie de 1550—1570 par un archiduc d'Autriche, se trouvent aujourd'hui au Belvedère à Vienne.

216 Patriciarum stirpium in urbe Augusta Vindelicorum quarum quaedam, a IV et ultra seculis hucusque superstites. Augspurg, Mang, 1613. pet. in-4. vél. à compart. tr. dor. (anc. rel.) Très bel exempl.

Avec 122 planches représ. les nobles Augsbourgeois à cheval en pleine armure. Les planches ont été gravées sur cuivre par R. Custodis.

217 La même suite. Augsburg, Mang, 1613. pet. in-4. vél.

Exemplaire colorié avec soin à l'époque. Les armures ont été réhaussées d'or et d'argent.

218 Academie de l'espée, ou se demonstrent par règles la théorie et pratique des vrais et jusq' à présent inconnus secrets du maniement des armes à pied et à cheval, par Girard Thibault. S. L., 1628. gr. in-fol. Fig. de Bolswert et Crispin de Pas. maroq. rouge tr. dor.

Bel exempl. avec le portrait et toutes les dedicaces.

219 Illustrium imagines, Impressum Romae per Jocobum Mazochum, 1517. pet. in-8., fig. en bois et bordures, veau gaufré.

220 Icones sive imagines virorum literis illustrium, cum additis eorum elogiis, auct. F. Reusnero. Argentorati, B. Jobinus, pet. in-8, 100 portraits et bordures grav. en bois, vél.

Bel exempl. du premier tirage.

221 Les empereurs Romains depuis Rodolphe Ier jusq' à Ferdinand III. 13 planches gravées par Suyderhof et P. van Sompel. Haarlem, 1644. — Principes Hollandiae et Westfrisiae descr. per P. Scriverium. Haarlemi, P. Soutman, 1650. 58 planches. 2 vol. en un, gr. in-fol. vél.

Très belles épreuves.

222 Pauli Jovii vitae duodecim vicecomitum Mediolani principum Lutetiae, ex officina Rob. Stephani, 1549. in-4. veau fauve, plats ornés, tr. dor. (Première reliure).

Portraits gravés par Geoffroy Tory.

223 Het Boek D. Lamberti Hortensii de Montfoort van de Wederdoperen (Histoire des anabaptistes). Enchuysen, L. Meyn, 1614, pet. in-fol., 14 portraits et fig. vél.

Très rare.

224 Honorarii tumuli ac funebris pompae descriptio in exequiarum just. Francisco Vindocinensi (de Vendôme) duci Belfortio. Eques Berninus inven. Romae, 1669, pet. in-fol. grande planche, vél. dor.

225 Ragguaglio della solenna comparsa fatto in Roma gli 8 di Gennaio 1687 dall' ill. Signor Conte di Castellamare, ambasciatore di Giacomo II re d'Ingliterra, da G. M. Writ. Roma, 1687. in-fol., fig. vél.

Details d'un Carosse, Argenterie, etc.

226 De la lumière de la peinture et de la designature, dans laquelle on demonstre avec une facile manière à tirer toutes les parties du corps. Mise en lumière par Crispin de Pas. Amsterdam, Jan Jansz, 1643. 5 part. un vol. in-fol. fig. d. rel. vél.

227 Le théatre italien, dessiné par Xavery et gravé par Schenck, avec un texte en quatrains français et hollandais par van Halen. Amsterdam, Schenck, s. d., gr. in 4. cart. dos de toile.

Scénes de théatre. Arlequin et Colombelle.

228 Suite d'estampes pour servir à l'histoire des moeurs et du costume des François au dix-huitième siècle. Paris, Prault, 1775. fig. de Freudenberg, gr. in-fol. cart.

Belles épreuves. Premier tirage, très rare.

229 Quatre vingt planches scènes de la vie d'après Boucher, Watteau et autres, gr. in-fol. En cahiers, non rogn.

230 Figures pour les contes de Lafontaine, Boccace, les cent nouvelles, etc. 92 planches diverses in-8.

231 Scénes de la vie, interieurs, etc. par B. Picart, Carpentier, etc. 28 planches diverses, pet. in-4.

232 Collection de divers habits, usités dans la ville d'Augsburg. Augsbourg s. D. in-8. pl. color. et rehaussées d'or. cart.

233 Raccolta di 50 costumi li più interessanti delle citta', terre e paesi in provincie diverse del regno de Napoli, disegnate ed incise da Bart Pinelli. Roma, 1814. in-fol. cart.

234 Nuova raccolta di 50 costumi di contorni de Roma, compresi diversi fatti di Briganti disegnati ed incisi all' aqua forte da Bart. Pinelli. Roma, 1823. gr. in-fol. obl. cart. non rogn.

235 Raccolta di costumi italiani i piu interessanti disegnati ed incise da Bart. Pinelli. Roma, 1828. gr. in-fol. obl. cart. non rogn.

236 Il carnevale di Roma. Roma, presso Francesco Bourlié, 1820. gr. in-fol. obl. 20 planches, titre et texte. demi-rel. dos de toile.

237 Costumi italiani. 24 planches executées en 1829 par Busuttil et autres. in-4. cart. dos de toile.

Gracieux costumes bien color.

238 Das Concilium so zu Constantz gehalten ist worden M. CCCC. XIII. Augsburg, H. Steiner, 1536. in-fol. goth. fig. en bois. veau gaufr. Bel exempl.

Ouvrage rare, orné de 45 grandes planches représ. des entrées, des cérémonies, le supplice de Jean Huss, etc. Il contient aussi près de 2000 blasons grav. en bois.

Les six gravures qui se trouvent aux feuillets 53 à 56 répresentent les Cérémonies de la Messe grecque.

239 Archaelogie de l'empire de Russie, publiee par ordre superieur de l'Empereur Nicolas; (Les titres sont en russe, mais on a ajouté une explication manuscrite des planches en français). St. Peters-

bourg et Moscou, 1849—1853. 7 part. en 4 vol. gr. in-folio et texte 2 vol. in-4. d. rel. cuir de Russie.

Exemplaire donné par l'Empereur de Russie à Mr. de Klenze, parfaitement complet. Magnifique ouvrage renfermant 515 planches, imprimées sur papier à dessin glacé. Les planches, coloriées avec le plus grand soin, représentent avec exactitude de nombreux monuments de l'art byzantin, d'anciens costumes et des modèles d'ornementation fort remarquables en usage aux XVme et XVIme siècles. Ce livre somptueux n'a par été mis en vente. Brunet, I. 382. Le seul exemplaire qui a passé en vente était chez Dulau et Co. à Londres au prix de 70 L. Sterl.

240 Lot. — Ornements divers, belles épreuves, non rognées.

Second livre de rocailles (pour orfèvres), par de la Joue et Hucquier. Paris, gr. in-fol. obl. 9 planches. — Nouveau livre d'autels et de baldaquins, par Babel et Neufforge. 6 planches, gr. in-folio. — Proportion de la femme, par Huet, 4 planches, gr. in-4. — Dessus de portes, Serrurerie par Fontaine. 6 belles planches, gr. in-folio obl. — Iconographia, et épitaphe du baron de Bezenval, par Meissonnier. 2 planches très-gr. in-folio.

NOTICE

DE TREIZE

GRANDES MINIATURES

PEINTES DE 1781—1786

PAR

JEAN VOLPATO d'après RAPHAEL

dont la vente se fera

Mercredi 27 Avril 1864

à trois heures précises de relevé

à l'Hôtel des Commissaires-priseurs, rue Drouot

par

le ministère de Me **Pillet**, commissaire priseur
rue de Choiseul No 11.

Exposition particulière à l'Hôtel des commissaires priseurs
mardi 26 Avril de 1 heure à 4 heures.

Paris, 1864.

AU COMPTANT.

Les adjudicataires payeront, en sus des enchères, 5 centimes par franc applicables aux frais de la vente.

241. Treize Gravures par J. Volpato et Raphael Morghen d'après les fresques qui se trouvent à Rome au Vatican PEINTES EN MINIATURE PAR JEAN VOLPATO.

1) La théologie ou la dispute du St. Sacrement.

2) Le Parnasse.

3) L'école d'Athènes.

4) Héliodore chassé du temple.

5) La messe de Bolsène.

6) La rencontre des hordes d'Attila.

7) La délivrance de St. Pierre.

8) L'incendie du Bourg.

Ces huit tableaux ont une hauteur de 52 centim. sur une largeur de 72 centim.

9) Les trois figures allegoriques de la justice. La Prudence. La Force. La Moderation.

Hauteur 42 centim. largeur 68 centim.

10) La Théologie.

11) La Philosophie.

12) La Poésie.

13) La Jurisprudence.

Quatre figures allégoriques hauteur 35 centim. largeur 35 centim.

Ces 13 tableaux sont entourés de cadres sculptés et dorés.

Jean Volpato a reproduit les couleurs des originaux avec une exactitude merveilleuse et ces 13 miniatures dépassent en beauté tout ce que la peinture et la sculpture réunies ont produites jusqu'à nos jours. Elles sont d'autant plus précieuses, parceque les tableaux originaux se sont beaucoup détériorés depuis cette époque. L'ancien possesseur à dépensé plus de 10000 francs pour réunir cette collection.

Imprimé chez Otto Wigand à Leipzig.

www.ingramcontent.com/pod-product-compliance
Ingram Content Group UK Ltd.
Pitfield, Milton Keynes, MK11 3LW, UK
UKHW021042180726
13838UKWH00004B/1952